Zum Glück gibt's Freundinnen

Ausgewählt und zusammengestellt
von Claudia Peters

Illustriert mit Papierfiguren
von Dorothea Siegert-Binder

Liebe Leserin und lieber Leser,

Was wäre ein Leben ohne Freundin(nen)?
Gar nicht auszudenken, wenn ich nicht die liebe langjährige Freundin an meiner Seite wüsste, die mit mir durch Dick und Dünn geht, die mich kennt mit meinen Stärken und Schwächen, die mich mag und zu mir hält, was auch passiert, die den Kontakt pflegt auch über große räumliche Distanz und allein deren Stimme zu hören, mir guttut. Nicht umsonst besagt ein Sprichwort: „Ein Leben ohne Freunde ist wie eine weite Reise ohne Wirtshaus." Eine gute Freundin stärkt mich in allen Lebenslagen und lädt mich immer wieder ein, oft bei einer Tasse Tee oder Kaffee, eine Pause einzulegen, innezuhalten, zu erzählen, wie es mir geht und was mich bewegt. Sie lässt mich aufleben.

Schon Wilhelm von Humboldt ehrte den kostbaren Wert der Freundschaft, und sagte:
„Im Grunde sind es doch die Verbindungen mit Menschen, die dem Leben seinen Wert geben."

Viele Autorinnen und Autoren haben in diesem Buch die besondere Verbindung zwischen Freundinnen ganz unterschiedlich beleuchtet und auf ihre Weise liebevoll ihre Dankbarkeit und Wertschätzung zum Ausdruck gebracht.

Endlich ist mal formuliert, was ich meiner Freundin immer schon sagen wollte:
Zum Glück gibt's Freundinnen, zum Glück gibt's dich!

Herzlichst verbunden,
Claudia Peters

FREUNDIN

Wenn ich von dir komm', bin ich froh
Und danke Gott, dass es dich gibt!
Ich fühl mich angenommen und geliebt
Und bin mir sicher, dir geht's ebenso.

Wir können reden, schweigen, nah uns sein.
Wir sind verschieden,
Doch empfinden oft auch ähnlich.
Du bist so offen, so erfrischend und natürlich,
Ich teil' dein Lachen,
Deine Träume und dein Traurigsein.

Du bist die Freundin, die ich einfach mag.
Du bist die Schwester, die mir lang gefehlt!
Das feste Band Vertrauen ist es, was hier zählt.
Es ist schon lange an der Zeit, das ich dir das mal sag'!

Elke Schumacher

Beziehung macht stark –
wir staunen über diese Kraft

EINER FREUNDIN

Das Beste, was ich habe
Das habe ich durch dich
Du bist wie eine Sonne
Bist immer da für mich
Du zeigst mir meine Stärken
Wenn ich sie nicht mehr sehe
Du fragst so lange nach
Bis ich mich selbst verstehe
Du kannst so herrlich lachen
Das tut mir immer gut
Dir kann ich alles sagen
Du bist so voller Mut
In Freude und Verzagtheit
Kann ich auf dich stets zählen
Wenn wir zwei uns nicht hätten
Da würde mir was fehlen

Doris Bewernitz

ALLES IST MÖGLICH

Du schaffst das
Sagst du
Ich weiß es
Du bist stark
Trau dich
Sagst du
Und weil ich dir
Schon immer
Geglaubt habe
Traue ich mich
Und schaffe es

Doris Bewernitz

DANKE

dass ich vor dir
so sein darf wie ich bin
dass ich keine Masken zu tragen brauche
dass du meine Schwächen verstehst
und mich stark machst
und dass meine Stärken
dich stärken
dass wir teilen dürfen
Sorgen und Ängste
Freude und Glück
authentisch
ehrlich
grenzenlos vertrauend

Anna Tomczyk

GEMEINSAM

Manchmal
hält uns nur die Freundschaft,
dieses Wundergebilde
aus Liebe und Vertrauen,
das aus den Seelen kriecht
und Hand in Hand
im Licht des Morgens verkündet:

Gemeinsam werden wir es schaffen

Cornelia Elke Schray

7

FÜR DEIN GLÜCK

Die Freude eines Menschen zu einem anderen –
wir haben sie gespürt, spüren sie hoffentlich tagtäglich.
Dass dieser Mensch da ist, nicht unbedingt bei mir,
sondern, dass er überhaupt lebt
und dann auch in Verbindung zu mir –
diese Freude ist gut.
Zähl dir an zwei Händen Menschen auf, die du für ein Glück hältst.

Traugott Giesen

*Ein bisschen Freundschaft
ist mehr wert
als die Bewunderung
der ganzen Welt.*
Otto von Bismarck

DANKE

Hab ich dir eigentlich gesagt
Wie dankbar ich dir bin?
Du gehst mit mir durch jedes Tal
Du gehst durch Dick und Dünn
Mit mir, du lässt mich niemals los
Auch wenn ich Sorgen hab
Du nimmst mich ernst, du hältst
mich fest
Und manchmal auch auf Trab
Stets bist du da, wenn ich dich
brauch
Mit dir macht alles Sinn
Hab ich dir eigentlich gesagt
Wie dankbar ich dir bin?

Doris Bewernitz

BEI DIR

Bei dir fühle ich mich
als hätte ich durch dich
die Selbstvertrauensweste
wärmend um meine Schultern
Worte die mich ermuntern
sind Balsam für mein Herz
und jeder tiefe Schmerz
behutsam angeschaut
wird tragbar und erträglich
wenn er dir anvertraut
du nimmst dir Zeit für mich
das macht dir gar nichts aus
bei dir fühle ich mich
als wäre ich zu Haus

Anna Tomczyk

ACH JA

... und im sehr zart Zusammenhalten
haben wir uns gut verhalten,
doch unwahrscheinlich gut gehalten
und können uns an Händen halten.
Das Glück, es lässt sich nicht festhalten,
doch können wir das Bild behalten,
als wir zusammen in den Spiegel blickten
und Hoffnung in den Himmel schickten.

Kein Mensch weiß wirklich, wie das Leben geht,
doch gut ist es, wenn man zusammensteht.

Komm, lass uns tanzen, lass uns sehr lebendig sein.
Wir sind jetzt du und ich, und keine mehr allein.

Cornelia Elke Schray

WAS ICH UNS WÜNSCHE ...

dass wir es immer wieder schaffen
Orte zu finden
die uns verbinden
Zeiten zu suchen
uns zu besuchen
uns Raum zu geben
zu feiern das Leben

Anna Tomczyk

Der Weg ist das Ziel …
Wir sind gemeinsam auf dem Weg

FREUNDSCHAFT

Im Grunde war es völlig ausgeschlossen,
dass wir uns trafen,
völlig unwahrscheinlich,
dass wir uns kennenlernten,
nicht nachvollziehbar, dass wir uns
etwas zu sagen hatten,
kaum zu glauben,
dass wir uns mochten,
aber ein verrücktes Geschenk,
dass wir uns mögen.

Annemarie Zeyen

*Wer Freude genießen will,
muss sie teilen.
Das Glück wurde
als Zwilling geboren.*
Lord Byron

RESERVIERT FÜR ...

Ich halte dir dein Lieblingsplätzchen frei
und sticke deinen Namen auf das Kissen.
Wenn du nicht weißt wohin,
dann bitte, komm vorbei!
Dass du mir stets willkommen bist,
das sollst du nicht nur ahnen, sondern wissen!
Drum, liebste Freundin, bleib nicht fern,
ich würde dich so sehr vermissen.
Zur Freundschaft braucht es immer zwei!

Angelika Wolff

GEMEINSAM

Es wäre schwer ohne euch, meine Freunde
Wem sollte ich erzählen
Von meiner Angst
Mit wem die Freude teilen
Wem sollte ich Blumen mitbringen
Aus dem Garten, oder Stachelbeeren
Wenn die Ernte überreich war
Es wäre schwer ohne euch, meine Freunde
Mit wem sollte ich sitzen am Abend
Und über den Tag reden, mit wem
Das Wichtige vom Unwichtigen trennen, wer
Würde mich trösten, wenn
Mein Kummer keine Worte mehr hat
Wen könnte ich umarmen, wer
Würde den Kaffee schon aufbrühen
Wenn ich noch unterwegs bin
Es wäre schwer ohne euch, meine Freunde
Wir gehen gemeinsam
Durch Dunkles und Helles
Durch Schweres und Leichtes

Wir haben uns gern
Wir fangen uns auf
Wir zeigen uns ganz
Wir halten uns fest
Es ist leicht mit euch, meine Freunde
Leicht ist das Leben
Weil es euch gibt

Doris Bewernitz

13

Um schneller, klüger, schöner, wertvoller ist es uns nie gegangen in unserer Freundschaft. Wir waren und sind gefühlt immer auf Augenhöhe. Das ist ebenso entspannend schön wie die Verlässlichkeit und das Vertrauen, die ebenfalls unsere Freundschaft prägen.

Vielleicht hält sie deswegen schon so lange! Ja, unsere Freundschaft ist ein echter Gewinn für beide von uns, aber auch erarbeitet und geschenkt.

Ist die eine müde, muntert die andere sie auf. Hinkt sie, wird sie von der anderen gestützt. Trägt sie schwere Last, nimmt ihr die andere gerne etwas ab. Und mehr noch, gelegentlich tragen wir einander.

So kommen wir uns immer wieder nahe und gemeinsam zu einem Ziel.

Angelika Wolff

*Wirklich gute Freunde sind
Menschen, die uns ganz genau
kennen und trotzdem zu uns
halten.*
Marie von Ebner-Eschenbach

Wir schaffen rührende Momente

DIESER AUGENBLICK

Dieser Augenblick, wenn du
Deine Arme öffnest, wenn ich
Dir entgegenkomme, wenn wir
Uns treffen einfach so auf der Straße
Dieser Augenblick des Vertrauens
Ist es, der mir sagt, dass ich
Gewollt bin, dass du gewollt bist
Dass wir einander wollen
Und uns nicht nur wollen, sondern
Auch haben, Gott sei Dank
Uns haben
Egal was passiert

Doris Bewernitz

ZAHLREICHE GELEGENHEITEN

Manchmal ist die Begegnung die beste Medizin. Schon wenige Worte und Gesten vermögen das Vertrauen in das Leben zu erneuern. Sie schaffen einen befreienden Abstand von den eigenen Sorgen und vermitteln erhellende Sichtweisen. Naheliegendes erfährt man oft erst von einem Gegenüber. Es gibt Menschen, die jene seltene Gabe besitzen, auch Unbekannten mit ihrer Unterstützung ein Freund zu sein. Dies stärkt den Glauben an die eigenen Talente, um selbst für andere zum Nächsten zu werden. Dazu bieten sich jeden Tag zahlreiche Gelegenheiten.

Thomas Romanus

BERÜHRENDE WÜNSCHE

Manchmal berührt das Leben dich auf besondere, alterslos-zärtliche Art und Weise. Das ist so schön, dass ich dir viele solcher Berührungen wünsche.
Mögen sie dich genau dann überraschen, wenn du ihrer bedarfst!
Zum Beispiel die feuchte Hundeschnauze, die sich freundlich in deine Hand drängt und sie zum Streicheln auffordert, ein Sonnenstrahl, der dich kitzelt und zum Niesen bringt, die beiden Schmetterlinge, die für einen Moment deine linke Schuhspitze als verlockendsten aller Landeorte auserkoren haben, der Regentropfen auf deiner Unterlippe oder der warme, einhüllende Duft einer Rose.
Oder die Freundin, die du seit Kindertagen zu deinen liebsten Menschen zählst, die dich berührt mit ihrer Zugewandtheit und Offenheit und der du alles anvertrauen kannst, was dich insgeheim beschwert.
Genieße diese kleinen Glücksmomente, sie sind köstlich und ganz und gar unbezahlbar.
Lass dich liebkosen, fühle dich wahrgenommen und wunderbar beschenkt.

Angelika Wolff

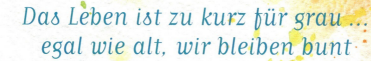

Das Leben ist zu kurz für grau ...
egal wie alt, wir bleiben bunt

weil du Zeit schenkst
statt Phrasen,
weil du Zeit hast
statt bequemer Stühle,
weil du dir Zeit nimmst
statt sie zu hamstern,
weil du Zeit vergeudest,
wenn andere dich brauchen.

Unbekannter Verfasser

FREUNDINNENTAG

Heute könnte ich Ernst und Trübsal verbieten,
den Keller an Spinnen und Mäuse vermieten,
mein Auto entmisten, den Speicher entrümpeln,
zwei Stunden faul in der Wanne verdümpeln,
ein Buch beginnen, den Spiegel lackieren,
den Berg der einzelnen Socken sortieren,
was Neues lernen, vielleicht portugiesisch,
was Leckeres kochen, das wär paradiesisch!
Ich könnte aber auch die Haustür abschließen,
diesen herrlichen Tag nur mit dir genießen!
Uns vertrödeln, verschwätzen, vergnügen, verlachen
und herrliche Freundinnensachen machen!
Bist du dabei? Dann freu ich mich,
von Frau zu Frau herzinniglich!

Angelika Wolff

Wir wohnen in derselben Stadt. Und schreiben uns Briefe. Das mag mancher für altmodisch halten. Na und? Wir sind ja selbst altmodisch, wir kommen aus dem vorigen Jahrhundert. Und es macht Spaß. Schließlich brauchen wir alle ab und an etwas Schönes. Außerdem sind es besondere Briefe. Die Umschläge basteln wir aus Kalenderblättern. Die sind sommergartenbunt. Und dann kommen noch Aufkleber drauf: Herzen, Blüten, Schmetterlinge, was wir gerade finden. Da lassen wir unseren kindlichen Bedürfnissen freien Lauf. Solch ein Kuvert leuchtet wie eine ganze Farbpalette! Bestimmt zaubert es dem Postboten ein Lächeln ins Gesicht. Dann hat der auch noch was davon. Finde ich so einen Brief in meinem Kasten, steigt sofort meine Laune. Ich öffne ihn, ziehe die farbigen Bögen heraus und lese. Denn auch das Briefpapier verzieren wir, am liebsten mit Blumenbildern, die wir aus Zeitschriften ausschneiden. An trüben Tagen hilft das enorm. Farbtupfer im Alltag sind diese Freundinnengrüße, geschenkte Freude zwischendurch, ein kleines Aufleuchten gegen die tägliche Mühe. Es ist so einfach, einander Freude zu machen. Zum Beispiel mit bunten Briefen.

Doris Bewernitz

In der Luxuslimousine fährt jeder gern mit.
Aber du brauchst Menschen, die mit dir Bus
fahren, wenn die Limousine liegen bleibt.
Ophrah Winfrey

MEINER FREUNDIN

Alle Farben des Regenbogens
Hat dein Kleid
Rot und Orange
Silbern und Ocker
Golden und Violett
Blattgrün und Nachtblau

Reich mir die Hand
Fordere mich heraus
Eine Zauberin bist du
Erzählst Geschichten
Dir glaube ich wenn du sagst
Das Gute wird siegen

Lache mit mir
Weine mit mir
Gemeinsam springen wir
Gegen die Schwerkraft
Pure Lust setzen wir
Gegen die Strenge der schwarzen
Jahre

Tanze mit mir durch den Tag
Zusammen können wir alles
Zusammen halten wir uns
Und unsere Füße zeichnen
Auf grauem Grund
Pirouetten aus Licht

Doris Bewernitz

ZWEI

Zwei in verschiedenen Farben
füllen den Raum

Ihre Farben
vermischen sich nicht

Aber jede leuchtet kräftiger
durch das Dasein der anderen

Doris Bewernitz

Wir springen gemeinsam ...
und ermutigen uns gegenseitig

SPRINGST DU MIT MIR, SPRING ICH MIT DIR

Als Kinder sind wir, springlebendig wie Kinder nun einmal sind, gemeinsam Seil gesprungen. Wir sprangen von Treppen in Pfützen und im Sommer Hand in Hand in unbekannte Wassertiefen. Später sind wir häufig füreinander eingesprungen und fanden das immer selbstverständlich. Nie hat unsere Freundschaft einen Sprung bekommen!
Denn wunderbarerweise hat sie gehalten, was wir uns versprochen haben.
Heute sind wir beide zwar weniger sprungbereit, was am Nachlassen der tatsächlichen Sprungkraft liegen mag, aber wir helfen uns gegenseitig auf die Sprünge und das Schönste:
Wir tun gemeinsam Gedankensprünge weit und mutig und sind uns so nah wie immer.

Angelika Wolff

FREUNDSCHAFTLICHER ABSTAND

Fraglos ist Nähe ein wichtiger und unverzichtbarer Teil der Freundschaft.

Mal bei sich zu bleiben, vorübergehend etwas Abstand zu wahren, eine andere Position einzunehmen und damit einen anderen Blickwinkel, kann einer Freundschaft jedoch ebenfalls guttun, sie beleben und zu neuer Blüte bringen!

Im Englischen gibt es ein Sprichwort, das genau das meint.

„A hedge between keeps friendship green" (eine Hecke entlang der Freundschaft hält sie lebendig), heißt es da.

Wobei eine grüne oder blühende Hecke immer auch Durchschlupf und Kontakt ermöglicht, im Gegensatz zu einer Mauer, die einer Freundschaft auf Dauer ganz bestimmt abträglich sein würde.

Angelika Wolff

WEIL WIR UNS HABEN

Gib mir die Hand
Gemeinsam holen wir Anlauf
Gemeinsam springen wir
Über alles Leid
Allein sind wir nichts
Weil wir uns haben
Sind wir lebendig
Weil wir uns haben
Können wir uns verwandeln

Doris Bewernitz

SO SOLL ES SEIN

So soll es sein: Bin ich mutlos,
richtet ihr mich auf.
So soll es sein: Wenn ich falle,
zieht ihr mich wieder hinauf.
Alle für einen, einer für alle.

So soll es sein: Seid ihr müde,
springe ich für euch ein.
So soll es sein: Habt ihr Sorgen,
soll´n sie auch meine sein.
Ich steh euch bei – und ihr schützt mich:
Netz des Vertrauens. Geborgen
fühlt ihr, meine Freunde, euch,
fühl ich, euer Freund, auch mich.

Gudrun Pausewang

Sie lassen sich nicht zweimal bitten.
Zögern auch nicht, um Hilfe zu rufen.
Freunde bieten kritisches Geleit, aber „fühlen,
wieviel Aufrichtigkeit der andere gerade nicht vertragen kann,
und also Geduld" *(Max Frisch).*
Freunde sind einem gute Richter, die erfahren haben,
wovon sie sprechen,
die nicht recht behalten wollen,
die helfen, dem anderen sein Gesicht zu wahren.
Wir brauchen Menschen, die uns zugeneigt sind,
die ihre eigenen Dunkelheiten nicht weglügen,
ihre Interessen nicht verbergen.
Sie können zur Wahrheit helfen:
„Wie sich im Wasser das Angesicht spiegelt,
so ein Mensch im Herzen des anderen." *(Spr 27,19)*

Traugott Giesen

*Der ist ein guter Freund, der hinter unserem
Rücken gut von uns spricht.*
Englisches Sprichwort

Neulich fuhr ich mehrere Tage lang morgens an einer Brücke vorbei, über deren Geländer ein weißes Bettlaken gespannt war.

ROBIN, DU SCHAFFST ES! Das konnte man darauf in großen Buchstaben lesen. Darunter ein rotes Herz. Ich weiß nicht, was der Mensch namens Robin zu bewältigen hatte, kann es nur vermuten. Vielleicht war es das bevorstehende Abitur, vielleicht aber auch eine Krankheit oder eine andere Lebensprüfung.

Jedenfalls empfand ich die Ermutigung mit dem Bettlaken als schöne Idee und berührende Geste. Hoffentlich hat der Adressat sie zur Kenntnis genommen, sich daran stärken und freuen können!

Nicht immer braucht es dergestalt große Gesten, um einem Menschen zu zeigen, dass er nicht allein ist mit seinen Sorgen und Nöten, dass jemand da ist, der mit ihm bangt und hofft! Manchmal genügen auch kleine Gesten der Freundschaft:

Eine Umarmung, ein gutes Wort, liebevolle Zuwendung, Zeit füreinander zum Zuhören und Reden, das lässt uns zusammenrücken, Angst vertreiben und gibt Halt.

Denn Mitgefühl schafft und bedeutet Mitmenschlichkeit im besten Sinn.

Wie gut, wenn Menschen ganz selbstverständlich, freundschaftlich und gerne füreinander da sind!

Angelika Wolff

Ich war schon immer der Ansicht,
dass das größte Privileg, die größte Hilfe
und der größte Trost in einer Freundschaft darin besteht,
dass man nichts erklären muss.

Katherine Mansfield

Ich komm vorbei, sagst du. Und legst auf. Dabei hatte ich nur von meiner Angst gesprochen und dass ich nicht wüsste, was ich sagen solle, wenn sie morgen auf der Arbeit wieder damit anfingen.

Kurz darauf klingelt es. Da bin ich, sagst du. Und dann umarmst du mich und sagst: Das kriegen wir hin. Und: Ich hab Zeit. Du setzt dich auf die Couch. Du hörst zu. Fragst nach. Trinkst einen Tee nach dem anderen. Regst dich auf. Krümelst mit Keksen. Lachst. Schimpfst. Tröstest. Denkst nach. Willst es genau wissen. Die halbe Nacht reden wir.

Ich weiß nicht, wie du das immer machst. Aber als du gehst, bin ich um mindestens zehn Zentimeter gewachsen. Ich sehe wieder durch. Ich habe Ideen. Ich fühle mich stark. Um zwei Uhr gehe ich schlafen. Morgen werde ich etwas müde sein, das ist klar, aber eines werde ich nicht haben: Angst. Ich werde gelassen sein, das weiß ich. Geradezu fröhlich werde ich sein. Und unverwundbar. Ich weiß nicht, wie du das immer machst.

Doris Bewernitz

Wir schaffen Verbindung ...
und halten die Fäden in der Hand

IN VERBINDUNG

Ihre Verbindung wird gehalten
Sagt die Stimme am Telefon
Gerade hast du mir von der orangen Katze erzählt
Die so gern an deinen Füßen schläft
Ich habe deine Freude gehört
Und dass du dich wohlfühlst
Dort wo du jetzt lebst
Dann kam der Piepton

Ihre Verbindung wird gehalten
Ich muss lächeln
Du hast schlechten Empfang auf dem Dorf
Das macht das Telefonieren schwierig
Aber es hat auch Vorteile
So kann ich deiner Freude nachsinnen
Die ich eben
In deiner Stimme gehört habe
Das ist schön

Ihre Verbindung wird gehalten
Das ist schön
Aber das wissen wir
Dass muss uns die Stimme nicht sagen
Wir bleiben verbunden
Wir verlieren uns nicht
Egal wo wir leben
Unsere Verbindung wird gehalten
Von uns

Doris Bewernitz

DARUM

Weil ihr ans Telefon geht
Weil ihr zuhört
Weil ihr nachfragt
Weil ihr kommt
Weil ihr bei mir sitzt
Weil ihr mich anseht
Weil ihr mich aushaltet
Weil ihr Zeit habt
Weil ihr schweigen könnt
Weil ihr ratlos sein könnt
Weil ihr mir nichts erklärt
Weil ihr die Arme öffnet
Weil ihr mich ans Herz drückt
Weil ihr Tee kocht
Weil ihr lacht
Weil ich mich euch zeigen kann
wie ich bin
Darum

Doris Bewernitz

GEBEN UND NEHMEN

DANKE,
ich nehme an:
Dein Lächeln,
deinen Händedruck,
deine Offenheit,
deine Kritik,
dein Wohlwollen,
den Faden,
den du mir zuwirfst!

BITTE,
nimm du
mein Vertrauen entgegen,
meine Zuneigung,
mein herzliches Interesse,
meine Neugier
auf die Begegnung mit dir!
Lass ihn uns weiterspinnen,
den gemeinsamen Faden!
Was draus wird oder nicht,
wird sich unterwegs ergeben!

Angelika Wolff

FREUNDSCHAFT

Freunde sind mir, mit denen ich
Essen und trinken und reden kann.
Die mich in meiner Küche kennen,
Und denen ich sage: Komm, setz dich ran.
(Keine Probleme und Komplikationen:
Wie füttert man den? Ist der Schnaps gut genug?)
Mit denen gemeinsam ich in den Jahren
Meine und ihre Lasten abtrug:
Krankheit der Kinder und Weltüberdruß.
Mit denen ich die Nächte zerrede.
Und doch kommt es niemals zu einem Schluß.
Das kann auch über Fernen bestehen.
Auch wenn man sich lange Zeit nicht sieht:
Halten wir nur aneinander fest,
Was immer sonst auch mit uns geschieht.
Freundschaften sind wie Abenteuer,
An die man sein ganzes Leben setzt.
Versagt man oder wird man verraten,
Hat man sich mehr als die Haut verletzt.

Eva Strittmatter

Freundschaft ist,
wenn dich einer für gutes Schwimmen lobt,
nachdem du beim Segeln gekentert bist.
Werner Schneyder

Wir halten uns den Spiegel vor ...
Ehrlichkeit tut gut

Warum du meine Freundin bist?
Weil du mich nicht vergleichst und misst
Weil du mich so nimmst, wie ich bin
Weil du mich lässt nach meinem Sinn
Weil du mich kennst, weil du mich fragst
Weil du mir deine Meinung sagst
Und Klartext redest, eine Gabe
Von der ich wirklich sehr viel habe
Ja, weil wir friedlich streiten können
Darum kann ich dich Freundin nennen

Doris Bewernitz

MASKEN ABLEGEN

aufmerksam zuhören
ansehen statt abwerten
lebensgeschichte achten
eigenarten wahrnehmen
bedürfnissen raum geben
sehnsucht kennen
zuneigung spüren
nähe zulassen
not nicht anprangern
schwächen wertschätzen
macht nicht missbrauchen
grenzen einhalten
schwierigkeiten benennen
konflikte austragen
masken ablegen
meinung nicht zurückhalten
guten willen würdigen
entwicklung bemerken
über veränderungen staunen
leben geschehen lassen

Almut Haneberg

36

WIE EINE HIMMELSFILIALE

Menschen gibt es,
die sind wie eine Himmelsfiliale auf Erden
und verschenken großzügig Liebesgaben
an jeden, der vorbeikommt.

Menschen gibt es,
die können mit dem Herzen sehen
und sind ungerufen zur Stelle,
wenn du ihrer Hilfe bedarfst.

Menschen gibt es,
die umarmen das Leben einfach so
und werden selbst umarmt,
weil sie offen sind und neugierig.

Menschen gibt es,
die sind nicht mehr und nicht weniger als ein Segen
und wirken auf andere gelegentlich
wie Engel in Menschengestalt.

Menschen gibt es,
Freunde genannt, die schenken dir Zuneigung
und vertrauen dir,
weil sie in dir einen Seelenverwandten erkennen.

Angelika Wolff

Wir sind Herzensarbeiterinnen

Wohltuend ist es, wenn man Kummer hat, sich in die Wärme seines Bettes zu legen, bis über den Kopf unter die Decke zu kriechen, jede Anstrengung und jeden Widerstand aufzugeben und sich dann völlig gehenzulassen, stöhnend wie die Äste im Herbstwind. Aber es gibt noch ein besseres Bett, erfüllt von göttlichen Wohlgerüchen. Es ist unsere wohltätige, unsere tiefe, unsere unerforschliche Freundschaft. Wenn mein Herz traurig und durchfroren ist, bette ich es fröstelnd darein. Und wenn ich auch meine Gedanken in unsere warme Zärtlichkeit einhülle, wenn ich von der Außenwelt nichts mehr wahrnehme, mich nicht mehr zur Wehr setze, entwaffnet bin und durch das Wunder unserer Zärtlichkeit alsbald neu gestärkt, dann weine ich über meinen Schmerz und vor Freude darüber, ein Vertrauen zu kennen, in dem ich ihn bergen kann.

Marcel Proust

Es gibt viel Kälte unter den Menschen, weil wir nicht wagen,
uns so herzlich zu geben, wie wir sind.
Albert Schweitzer

DANKE

Hier bin ich
Sagst du
Lehn dich an
Mein Herz gehört dir
Oh wie das tröstet
Besser als jeder Rat

Doris Bewernitz

ETWAS LIEBES

Ich möchte viel Liebes schenken,
Freude, die dir Kummer vertreibt,
dir in freundschaftlicher Weise
im Gedächtnis haften bleibt.
Ja, Freundschaft schenk ich dir in Fülle,
sie kommt von innen, ganz spontan,
und freust du dich, freu ich mich auch,
so sieht er aus, mein Herzensplan!

Angelika Wolff

WAS BRAUCHT ES MEHR?

Auf dem Holztisch
Brot und Wein

In der Mitte
Margeriten und Mohn

Neben mir
gute Freunde

Über uns
Meisengesang
und Gottes Güte

Was braucht man mehr
für ein Fest?

Tina Willms

Für uns soll's rote Rosen regnen ...
von der Wertschätzung der Freundschaft

DAS WOLLT ICH DIR SCHON IMMER SAGEN

Das wollt ich dir schon immer sagen
Ich bin so froh, dass es dich gibt
Und dass wir uns schon so lang haben
Weißt du, dass dich der Himmel liebt?

Weißt du, dass selbst an dunklen Tagen
Dein Lächeln mir als Stärkung reicht?
Weißt du, du musst nur „Wird schon!" sagen
Damit die Sorge von mir weicht.

Nie möchte ich deine Freundschaft missen
Du machst mich stark selbst aus der Ferne
Und heute will ich mit dir feiern
Weißt du, ich hab dich wirklich gerne.

Doris Bewernitz

MANCHE MENSCHEN

Manche Menschen wissen nicht,
wie wichtig es ist,
dass sie einfach da sind.

Manche Menschen wissen nicht,
wie gut es tut,
sie nur zu sehen.

Manche Menschen wissen nicht,
wie wohltuend
ihre Nähe ist.

Manche Menschen wissen nicht,
wie viel ärmer
wir ohne sie wären.

Manche Menschen wissen nicht,
dass sie ein Geschenk
des Himmels sind.

Sie wüssten es,
würden wir es ihnen sagen!

Petrus Ceelen

ENDLICH GEFUNDEN

Ich stand vor deiner Tür.
Es sprach so viel dafür:
Dass sich hier Herz und Herz gefunden
und wir uns völlig unumwunden
verstehen würden, einfach so,
die Sorge um das leere Leben floh.

Du batest mich direkt herein,
ich fühlte mich gleich nicht mehr klein.
Bei dir sogleich zu Haus zu sein
war herzenslieb, wohltuend, fein.
So ist es und so wird es bleiben,
dieses Geschenk kann niemand mehr vertreiben.
Ich habe mich so lang allein gemüht,
durch dich bin ich jetzt aufgeblüht.

Cornelia Elke Schray

Wir haben uns gut gehalten ...
und werden gemeinsam alt

WELCH EIN GESCHENK

Welch ein Geschenk ist unser Leben
An jedem Morgen wieder neu
Welch ein Geschenk ist uns gegeben
Weißt du, wie ich mich drüber freu
Dass wir uns kennen und begleiten
Dass wir uns mögen und verstehn
Gern möchte ich für alle Zeiten
Mit dir den Weg der Freundschaft gehn

Doris Bewernitz

GEHALTEN

Ich habe mich gut gehalten
Weil du mich gehalten hast
Weil wir unser Leben gestalten
Haben wir's nicht verpasst

Wir leben im Heute und wollen
Uns täglich neu vertrauen
Wollen Respekt uns zollen
Die Welt etwas freundlicher bauen

Wir halten uns gegenseitig
Das tut uns beiden so gut
Das gibt uns immer rechtzeitig
Den nötigen Tagesmut

So können wir uns entfalten
Weil einer den andern umfasst
Ich habe mich gut gehalten
Weil du mich gehalten hast

Doris Bewernitz

Der beste Spiegel ist das Auge eines guten Freundes.
Gälisches Sprichwort

FREUNDE

Freunde sind das größte Glück,
Freunde sind dir immer nah,
Freunde sind zu allen Zeiten,
nicht nur, wenn dir's gut geht, da.

Freunde lesen die Gedanken
hinter deinen Sorgenfalten,
Freunde reden, wie sie denken,
sagen, was sie von dir halten.

Freunde klopfen keine Sprüche,
stellen keine dummen Fragen,
Freunde spucken in die Hände
und sie tun das, was sie sagen.

Freunde geben dir die Richtung,
wenn du heillos dich verrennst,
denn es kennen dich die Freunde
besser, als du selbst dich kennst.

Freunde sind der größte Glücksfall,
der dir nur passieren kann.
Hast du keine, such dir welche,
schaff dir heut noch welche an!

Jörn Heller

Wir schauen zusammen nach vorn ...
Zukunftspläne, die guttun

Kennen Sie das auch, dass Ihnen eine – vielleicht sogar zufällige – Begegnung ins Gedächtnis eingebrannt ist, weil diese in Ihnen etwas ausgelöst oder bewegt hat? Und der- oder diejenige hat es selber vielleicht nicht einmal bemerkt?

Ich habe schon öfter diese Erfahrung machen dürfen: Da war zum Beispiel eine sehr couragierte Lehrerin, die mich später dazu bewog, dass Lehramtsstudium anzustreben.

Da war ein älterer Nachbar, dem eigentlich ich eine Freude machen wollte, indem ich ihn während eines Krankenhausaufenthaltes fast täglich besuchte. Unsere Gespräche waren so ehrlich und persönlich – wir haben gemeinsam gelacht und geweint – und seine Offenheit mir gegenüber hat mich sehr beeindruckt, so dass ich ihn einige Male gerührt und berührt verließ und mich als Beschenkte fühlte.

Wenn ich die Erfahrung machen darf, dass jemand an mich denkt, sich in mich hineinversetzt und mitfühlt und ich ihm nicht egal bin, dann weckt das in mir ungeheuer viel Lebensfreude und Lebenskraft, ja, wirklich spürbare Energie. Die Formulierung „Du bist ein Segen!" meint ja auch nichts anderes als „Du tust mir gut" oder „Du kommst gerade zur rechten Zeit zu mir" und „Schön, dass wir uns sehen".

Hoffentlich können wir uns noch ganz oft einander ein Segen sein. Das wünsche ich Ihnen.

Claudia Peters

UNENDLICH WERTVOLL

Du bist ein Phänomen
ein seltener Fund
die Nadel im Heuhaufen
ein Licht zu später Stund

Du bist ein Trost in Trauer
und sitz ich einmal fest
dann springst du über Mauern
der Mut dich nie verlässt

Wird mir der Alltag eng
dann bietest du mir Platz
danke, dass es dich gibt,
du bist für mich ein Schatz!

Anna Tomczyk

Ältere Freundschaften
haben neuen hauptsächlich voraus,
dass man sich schon viel verziehen hat.

Johann Wolfgang von Goethe

DANKE FÜR DIE FREUNDE

Danke für die Menschen,
die uns mit Offenheit
machender Erwartung begegnen.

Sie sehen uns in die Augen,
ohne uns mit ihren Blicken
prüfend abzutasten.
Sie vermögen unseren Worten zu lauschen,
ohne aus unseren Äußerungen
Andeutungen von Schwächen zu er-horchen.
Sie reichen uns die Hände
in echter, ehrlicher Verbundenheit
und erfüllen mit ihrem Händedruck
nicht nur Pflichten der Höflichkeit.
Sie schließen uns in die Arme,
um uns darin zu bergen
und Heimat zu schenken.
Sie reißen fadenscheinige Schwachstellen
im Gewebe unseres Lebensentwurfs
nicht mit grober Hand aus,
sondern sind bemüht,
Seite an Seite mit uns
mit zarter Hand Fäden zu weben,
welche uns zu sinnvollen Lebenszielen führen.

Danke für die Menschen,
die uns in der Begegnung
als Geschenk empfinden
und dabei ihrerseits zur Gabe werden,
die uns erfüllt und bereichert
im gegenseitigen Geleit-geben
und Weitertragen.

Danke für die
F r e u n d e !

Klaus Huber

Freunde zu haben,
die zu einem halten,
ein Stück Weg
mit einem gehen
durch Dick und Dünn,
die mit einem lachen und weinen
und Träume teilen,
sie sind ein Geschenk.

Du bist so ein Freund.

Annedore Großkinsky

Das erste Gesetz der Freundschaft lautet,
dass sie gepflegt werden muss.
Das zweite lautet: Sei nachsichtig,
wenn das erste verletzt wird.
Johann Wolfgang von Goethe

Mit Texten von:
Doris Bewernitz: S. 6, 8, 13, 16, 20, 21, 26, 30, 32, 33, 36, 41, 44, 48, 49 © bei der Autorin. **Thomas Romanus**: S. 16 © beim Autor. **Petrus Ceelen**: S.45 © beim Autor. **Traugott Giesen**: S. 8f. aus: ders., Hiersein ist herrlich, © 2003 by Radius Verlag, Stuttgart. **Annedore Großkinsky**: S. 55 © bei der Autorin. **Almut Haneberg**: S. 36 © bei der Autorin. **Jörn Heller**: S. 50 © beim Autor. **Klaus Huber**: S. 54f. © beim Autor. **Claudia Peters**: S.52 © bei der Autorin. **Marcel Proust** (1871–1922): S. 40. **Gudrun Pausewang**: S. 26 © Martin Wilcke. **Cornelia Elke Schray**: S. 7, 10, 24, 46 © bei der Autorin. **Elke Schumacher**: S. 4 © bei der Autorin. **Eva Strittmatter**: S. 34, aus: dies., Sämtliche Gedichte. Erw. Neuausgabe © Aufbau Verlag GmbH & Co. KG, Berlin 2015 (Das Gedicht erschien erstmals 1975 in E. S.: Mondschnee liegt auf den Wiesen, im Aufbau-Verlag, Berlin und Weimar). **Anna Tomczyk**: S. 7, 9, 10, 53 © bei der Autorin. **Sabine Ulrich**: S.3 © bei der Autorin. **Tina Willms**: S. 42 © bei der Autorin. **Angelika Wolff**: S. 12, 14, 17, 19, 24, 25, 28, 33, 37, 41, 45, 52 © bei der Autorin. **Annemarie Zeyen**: S.12 © bei der Autorin.

Zur Herausgeberin:
Claudia Peters, geb. 1968, liegt die Vermittlung von Ichfreundlichkeit und Lebensfreude am Herzen. Als Lektorin und Autorin veröffentlichte sie dazu schon zahlreiche Titel. Neben ihrer Verlagstätigkeit ist sie zertifizierte Iyengar®Yoga-Lehrerin und leitet seit vielen Jahren Yoga-Gruppen in Freiburg im Breisgau. Zuletzt erschienen von ihr im Verlag am Eschbach: Bewegte Frauen 978-3-86917-522-5, Yoga kennt kein Alter 978-3-86917-594-2, Sei gerne du 978-3-86917-628-4, Ein Kochbuch für die Seele 978-3-86917-688-8, Raus aus alten Mustern 978-3-86917-764-9.

Zur Künstlerin:
Dorothea Siegert-Binder, geb. 1957, hat sich ganz dem Material Pappmaschee verschrieben. Die Faszination, aus nichts etwas zu machen, begeistert sie seit vielen Jahren. So entstehen immer neue Wesen, Skulpturen, Personen. Das „Weibliche" hat es ihr dabei besonders angetan. Mit einem Augenzwinkern gießt sie Begegnungen und kleine Alltagsgeschichten in Form und zaubert Figuren voller Lebensfreude, Lebensfülle und Leichtigkeit, die sich selbst und das Leben nicht so ernst nehmen.
Ihre Werke lassen sich auf zahlreichen Ausstellungen besichtigen. Weitere Informationen unter www.siegert-binder.de

Fotografien:
Alle Fotos von Bertram Walter. S. 47 von Andreas Bähring.

Bildnachweis:
Gestaltet mit folgenden Aquarellhintergründen: iStock: Anagramm, marimo, GoodGnom. shutterstock: Nadin Chepeniuk, TairA.

ISBN 978-3-86917-836-3
© 2021 Verlag am Eschbach,
Verlagsgruppe Patmos in der Schwabenverlag AG, Ostfildern
Im Alten Rathaus/Hauptstraße 37
D-79427 Eschbach/Markgräflerland
Alle Rechte vorbehalten

www.verlag-am-eschbach.de

Gestaltung und Satz: Angelika Kraut, Verlag am Eschbach
Kalligrafie: Ulli Wunsch, Wehr
Herstellung: Grafisches Centrum Cuno GmbH & Co. KG, Calbe
Hergestellt in Deutschland

MIX
Papier aus verantwortungsvollen Quellen
FSC® C043106

Dieser Baum steht für umweltschonende Ressourcenverwendung, individuelle Handarbeit und sorgfältige Herstellung.
Manufakt

Klimaneutral
Druckprodukt
ClimatePartner.com/14549-2003-1001